Jorrit Kötter 9HB

dtv

*Reihe Hanser*

Janne Teller beschreibt eine verkehrte Welt. Es ist Krieg, aber nicht anderswo, sondern bei uns mitten in Europa. Die westlichen Demokratien sind gescheitert, und faschistische Diktaturen haben die Macht übernommen. »Wohin würdest du gehen?«, fragt die Autorin ihre Leser und spricht von Hunger und Kälte, der Angst vor den Bomben und der Gleichschaltung durch die Geheimpolizei. Der Familie des 14-jährigen Protagonisten bleibt nur die Flucht nach Ägypten, wo das Leben noch geregelt ist und Frieden herrscht. Doch plötzlich sind er und seine Geschwister und Eltern nur noch Fremde, werden angefeindet, bekommen zunächst keine Aufenthaltserlaubnis und dürfen nicht arbeiten gehen. Wie fühlt es sich an, Migrant in einem Land zu sein, dessen Kultur einem so fremd ist und dessen Sprache man nicht spricht? Janne Teller hat ein bewegendes Porträt einer Familie geschrieben, die im Krieg alles verloren hat und fern der Heimat ein neues Leben beginnt.

*Janne Teller*, 1964 in Kopenhagen geboren, arbeitete als ökonomisch-politische Ratgeberin der EU und UN. Seit 1995 ist sie hauptberuflich Schriftstellerin. Ihr Jugendbuch »Nichts. Was im Leben wichtig ist« (dtv 62517) wurde mit zahlreichen renommierten Preisen ausgezeichnet und in den Feuilletons und Kultursendungen gefeiert. Mit »Krieg. Stell dir vor, er wäre hier« hat sie ein zweites eindringliches Gedankenexperiment geschaffen, das uns radikal mit uns selbst konfrontiert.

*Helle Vibeke Jensen*, geboren 1960, gilt als eine der innovativsten Bilderbuchkünstlerinnen Dänemarks. 1999 erhielt sie die BIB-Plakette der Biennale in Bratislava, 2004 den großen Illustratorenpreis des dänischen Kulturministeriums.

Janne Teller

# KRIEG

Stell dir vor, er wäre hier

Aus dem Dänischen von
Sigrid C. Engeler

Mit Illustrationen von
Helle Vibeke Jensen

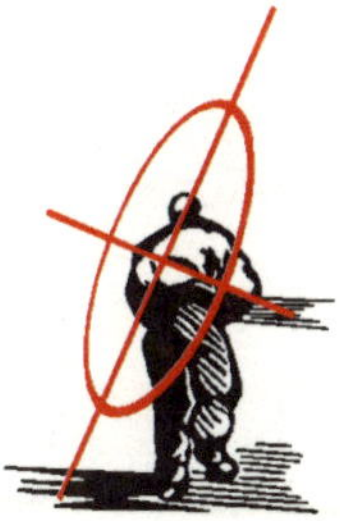

dtv

Wenn bei uns Krieg wäre.
Wohin würdest du gehen?

Wenn durch die Bomben der größte Teil des Landes, der größte Teil der Stadt in Ruinen läge? Wenn das Haus, in dem du mit deiner Familie lebst, Löcher in den Wänden hätte? Wenn alle Fensterscheiben zerbrochen, das Dach weggerissen wäre? Der Winter steht bevor, die Heizung funktioniert nicht, es regnet herein. Ihr könnt euch nur im Keller aufhalten. Deine Mutter hat Bronchitis, und bald wird sie wieder eine Lungenentzündung bekommen. Dein großer Bruder hat schon früh bei einem Vorfall mit einer Mine drei Finger der linken Hand verloren und unterstützt gegen den Willen deiner Eltern die Milizia. Deine kleine Schwester wurde von Granatsplittern am Kopf verletzt, sie liegt in einem Krankenhaus, dem es an allem fehlt. Deine Großeltern starben, als eine Bombe ihr Pflegeheim traf.

Du bist noch unversehrt, aber du hast Angst. Morgens, mittags, abends, nachts. Jedes Mal, wenn in der Ferne die Raketen abgefeuert werden, zuckst du zusammen, jedes Mal, wenn du am Horizont Licht aufscheinen siehst und du nicht weißt, ob die Rakete dieses Mal in deine Richtung fliegt. Jedes Mal, wenn es irgendwo kracht, zuckst du zusammen. Wie viele deiner Freunde wurden dieses Mal getroffen?

Die Wasserrohre sind schon lange geplatzt. Jeden Tag müssen du und dein großer Bruder durch die Straßen und über den Rathausplatz zum öffentlichen Wasserversorgungswagen laufen, jeder mit zwei Eimern. Den Platz muss man schnell überqueren. In einigen Gebäuden lauern Heckenschützen, Griechen und Franzosen, die lange genug in Deutschland gelebt haben, um mit einem von uns verwechselt zu werden. Aber nicht lange genug, um sich als Teil von uns zu fühlen, wenn Krieg ist und Nationalität eine Definition von Freund und Feind.

Schlimmer als die Angst ist der Hunger. Am allerschlimmsten ist die Kälte. Du frierst die ganze Zeit, und dabei ist es erst Anfang November. Du weißt nicht, wie ihr den Winter überleben sollt. Der Arzt sagt, deine Mutter wird einen weiteren Winter im Keller nicht schaffen. Er kann euch zu keiner besseren Bleibe verhelfen. Es gibt zu viele andere, die einen weiteren Winter im Keller nicht schaffen werden.

Hier sieht man ein einen Mann der von einenem Scharfschützen 1995 Visier genommen wurden.

Ich denke das bild zeigt auf einer anderen art und weise wie es aussehen könnte wenn es krig bei uns gebe.

Man sieht die
beiden Jungs wie
sie wasser holen
und eine anscheinend
kaputte Stadt die
durch bomben zerstört
wurde.

Dein bester Freund ist verschwunden. Sein Vater war Mitglied des Bundestags. In der neuen Welt ist für Abgeordnete kein Platz. *Die Demokratie hat zur Europäischen Union geführt, und die Europäische Union ist zusammengebrochen.* So heißt es. In der neuen Welt darf niemand Demokrat sein.

Dem Vater gelang es, rechtzeitig das Land zu verlassen. Die Familie hätte nachfolgen sollen.

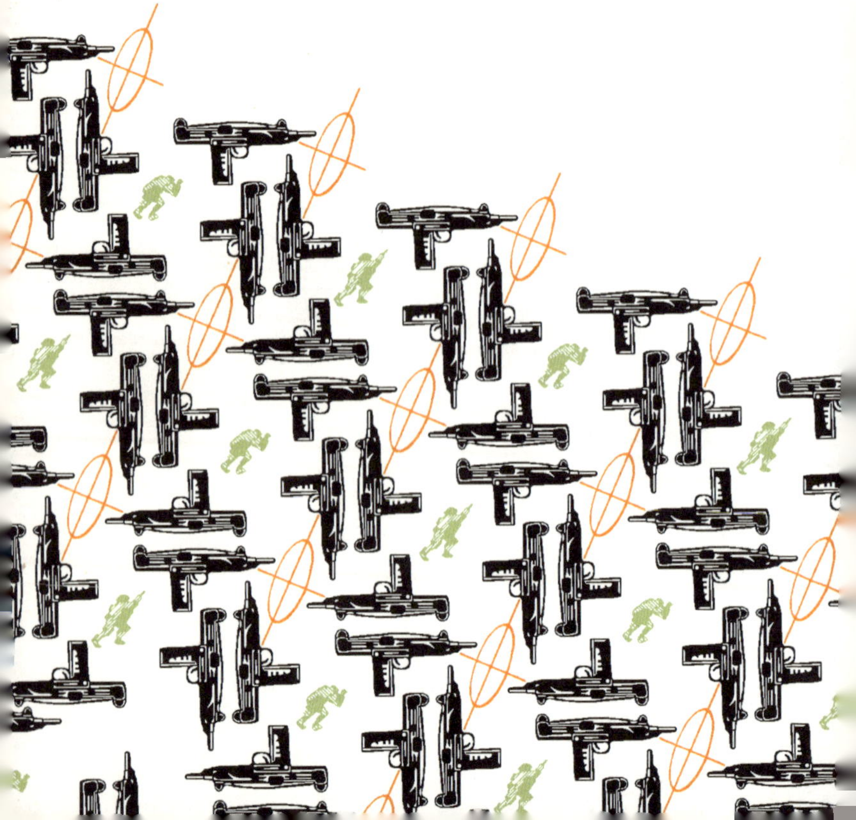

Das tat sie nicht. Drei Tage nachdem der Vater gefahren war, kam die neue Gleichschaltungspolizei, um deinen Freund und seinen kleinen Bruder zu holen. Der kleine Bruder kam acht Tage später zurück, ohne das linke Auge und mit merkwürdigen Kopfbewegungen. Er sitzt die ganze Zeit in einer Ecke und nickt immerzu und sagt: »Nein, ich weiß nichts, ich weiß nichts.« Die Mutter läuft durch die Straßen und bettelt um Essen und fragt nach ihrem ältesten Sohn, obwohl das Gerücht geht, er sei tot. Sie kann ohne den Sohn nicht wegfahren. Sie kann auf gar keinen Fall wegfahren. Das Land, das den Vater aufgenommen hat, hält nichts von Familienzusammenführung. Sie selbst wird nicht verfolgt, sie kann kein Asyl bekommen.

Du fragst deinen Vater nicht mehr: *Wohin*? Wohin sollt ihr gehen?

Auf *wohin?* gibt es keine Antwort. Eure Familie ist zu einer Zahl geworden. Fünf! Es gibt kein Land, das weitere fünf Flüchtlinge haben will. Flüchtlinge, die die Sprache nicht beherrschen, die nicht wissen, wie man sich in einer *klassischen Kulturgesellschaft* benimmt, dass man seinen Nachbarn respektiert, den Gast höher stellt als sich selbst und die Tugend einer Frau achtet. Flüchtlinge, die nicht wissen, wie man in der Hitze lebt. Nein, es gibt kein Land, das die *dekadenten Menschen* aus dem Norden aufnehmen will. *Freidenker*, die nur den

Lebensstil der Rechtgläubigen verderben wollen. Arbeiten können sie auch nicht. Sie können kein Arabisch, und sie sind es nicht gewöhnt zuzupacken. Flüchtlinge aus Europa können nichts anderes als in Büros sitzen und Papiere umdrehen. Das braucht man nirgends! So heißt es in der arabischen Welt, der nächstgelegenen Region, in der Frieden herrscht und die Möglichkeiten für eine Zukunft bietet. Wohin dann?

Kurz vor Neujahr gelingt es deinem Vater dennoch, mit ein paar Männern in Kontakt zu treten, die Flüchtlingstransporte in den Nahen Osten arrangieren. Es ist gefährlich und sehr teuer, aber dein Vater hat beschlossen, das sei nötig, um die Familie zu retten. Deine Mutter wird vor Angst bald verrückt.

Ihr müsst alles verkaufen, was euch geblieben ist. Viel Geld gibt es dafür nicht. Niemand hat etwas, womit er bezahlen kann. Es reicht gerade so für die Fahrt und die gefälschten Papiere. Am teuersten waren die Parteinachweise. Die sollen beweisen, dass du und dein Vater politisch aktiv gewesen seid. Die sollen euch Zugang zum Asyl verschaffen. Wenn ihr erst in Sicherheit seid, müsst ihr alle mit anpacken. Du bist bereit, alles zu tun, was nötig ist. Sogar die Straßen zu kehren oder anderer Leute Toiletten zu putzen. Du willst nur weg von den Bomben und der Angst und der Kälte. Auch deine andere Großmutter ist tot. Deine Mutter hat noch eine Chance.

Ihr könntet durch Polen bis in die Ukraine wandern. Aber auch dort ist alles zusammengebrochen. Keiner hat irgendetwas, es gibt keine Arbeit, und dort leben bereits Millionen Flüchtlinge in erbärmlichen Lagern, ohne eine Chance, zur Schule, zum Arzt oder zur Arbeit gehen zu können. Dein Vater will eurer Familie eine Zukunft bieten. Er glaubt, dass der Krieg lange dauern wird. Aber eines Tages werdet ihr wieder nach Hause gehen. Deshalb sollt ihr eine Ausbildung bekommen, etwas, wovon ihr leben könnt, wenn ihr eines Tages wieder nach Hause zurückkehrt.

Ihr setzt alles auf diese eine Chance. Ihr wisst nicht, ob ihr eure Onkel und Tanten, eure Freunde und euer Zuhause jemals wiedersehen werdet. Du beißt die Zähne zusammen und willst nicht daran denken. Als ihr um Mitternacht eilig in den Zug steigt, habt ihr nicht mehr, als in die kleinen Rucksäcke passt, die euch die Fluchthelfer mitzunehmen erlaubt haben: etwas Kleidung zum Wechseln und eine Lieblingssache.

Du hast dein Tagebuch mitgenommen. Das soll dich daran erinnern, dass es ein Leben vor dem Krieg gab: Damals waren die Deutschen ein bunt gemischtes Volk, Menschen, die unterschiedliche Ansichten zu allem haben durften. Damals bist du freitags zur Technoparty der Franzosen gegangen, samstags zu einem englischen Rockkonzert, und sonntags warst du mit deinen italienischen Rollerblades unterwegs, bis du das Wochenende todmüde beim nächstgelegenen McDonald's mit einem Big Mac und einer Coke beendet hast. Du hast dein Nokia aus der Tasche geholt, um zu vergleichen, ob es leichter ist als das Eriksson, Samsung oder Motorola deiner Freunde; dabei hast du deinem griechischen Schulfreund harmlose Witze über die Griechen erzählt.

Das ist so unendlich weit weg, als wäre es nie so gewesen. Obwohl es noch vor drei Jahren so war.

Daran willst du dich unbedingt erinnern.

Dass dein Leben nicht immer ein Kampf darum war, ganz und gar Deutscher zu sein. Innerlich wie äußerlich. Dass Deutschland nicht immer Kälte und Angst und Misstrauen und Hass war. Dass Deutschland nicht immer ein *Prinzip Deutschland* und eine Gleichschaltungspolizei hatte und die Besessenheit so verbreitet war, die Deutschen müssten auf Deutschland achten, wenn die Europäer schon nicht auf Europa achten wollen. Dass Griechen und Spanier und Franzosen nicht immer auf dich und die Deinen geschossen haben. Du willst dich unbedingt daran erinnern, dass es ein anderes Leben gibt. Wenn du das vergisst, dann ist alles egal. Dann könntest du ebenso gut zur Gleichschaltungspolizei gehen oder deinem großen Bruder mit der Milizia über die Adria folgen und auf die Griechen schießen, bis du selbst erschossen wirst.

Es gibt ein anderes Leben, und dorthin will dein Vater dich nun mitnehmen.

CONSULATE GENERAL
EGYPT IN
AR EGYPT
AR EGYPT
AR EGYPT

R. OF
EGYPT
MILLS
L.E

Sechs Wochen später bist du in Ägypten. Ihr lebt in einem Zeltlager. Du frierst nicht, es gibt weder Bomben noch Raketen, vor denen du Angst haben müsstest. Es gibt keine Gleichschaltungspolizei, die dein Zuhause Tag und Nacht unangekündigt durchsuchen kann. Deine Mutter hat sich wieder erholt und ihre Lungenentzündung überwunden, deiner Schwester wurden die Granatsplitter herausoperiert. Der Hunger nagt nicht mehr an dir.

Der Asylantrag der Familie wird geprüft, und ihr könnt das Lager nicht verlassen, ehe ihr offiziell als richtige Flüchtlinge anerkannt seid und damit eine vorläufige Aufenthaltsgenehmigung bekommt. Das macht nichts. Du bist froh. Auch wenn die Bedingungen schlecht sind – es ist ja nur für eine Übergangszeit. Höchstens ein halbes Jahr. Selbstverständlich seid ihr richtige Flüchtlinge. Was solltet ihr sonst sein?

Die Behandlung eures Asylantrags zieht sich hin. Vor allem, weil dein großer Bruder bei der Milizia Offizier geworden ist. Bei dir und deinem Vater sind sie sich nicht sicher: Du bist vierzehn, im Grunde ein Mann. *Zwar herrscht in eurem Land Krieg, aber wenn ihr euch die Flucht leisten konntet, wart ihr wohl nicht so schlecht gestellt. Es gibt doch eine Menge, die noch immer in Deutschland leben. Vielleicht brauchen die eher Hilfe!*

أَجْنَبِيّ

أَجْنَبِيّ
أَجْنَبِيّ

Das Lagerleben zehrt an dir. Es gibt nichts zu tun. Ihr bekommt keinen Sprachunterricht, denn den könnt ihr erst bekommen, wenn ihr eine Aufenthaltsgenehmigung habt. Du gehst nicht zur Schule, du darfst nicht arbeiten (das kannst du auch nicht, denn du sprichst die Sprache nicht), und die wenigen Bücher, die es zu lesen gibt, kannst du fast auswendig. Es gibt einen kleinen Platz zur Erholung, eine Kiesfläche mit einem einzigen Fußballtor an einem Ende. Das Problem ist nicht, dass der Platz klein ist. *Ihr müsst dankbar sein, überhaupt einen Platz zu haben*, heißt es. Als ob ihr im Bombenhagel zu Hause Fußball spielen könntet. Das Problem liegt darin, dass ihr im Lager so viele seid, und wenn dann alle wollen, bleibt für den Einzelnen nur wenig Zeit. Meist sind es die großen Jungs, die den Platz in Beschlag nehmen.

Aber da ist noch etwas. Etwas, was in dir kocht. Das sind Hervé und Claude und ihre Clique im französischen Teil des Lagers. Die rufen dir und deinen neuen Freunden Sachen hinterher.

*Ihr sollt eure Feindschaft nicht in unser Land mitbringen*, sagen die ägyptischen Lagerangestellten. Zwar hat man die Flüchtlinge aus Frankreich und Deutschland im Prinzip getrennt, aber nur durch die Platzierung der Zelte. Jedes Mal, wenn du Wasser und Essen holen sollst, wenn du in die Bibliothek willst oder zum Spielplatz, musst du am französischen Gebiet vorbei. *Die haben unsere Häuser zerstört*, denkst du jedes Mal. *Die haben meine Großeltern umgebracht.* So denkst du, auch wenn dir dein Vater sagt, du dürftest nie vergessen, dass der Krieg anfing, weil Deutschland nicht mehr bei der Europäischen Union mitmachen wollte. Du bist dir nicht sicher, ob er recht hat. Ihr musstet doch das verteidigen, was euch gehörte: Deutschland konnte nicht auf Dauer für alle anderen bezahlen, die nichts anderes wollen als streiken und Rotwein trinken. Wer weiß, was sonst passieren würde. Sieh dir nur Hervé und Claude und ihre Clique an, die ausspucken, wenn sie dich sehen und »*Merde! Salaud!*« sagen und manchmal einen Stein oder zwei nach dir werfen.

Was hast du ihnen getan? Als ob sie bessere Flüchtlinge wären als du und deine Familie!

Dass du nicht zurückschlägst, liegt nicht an deinem guten Willen. Das tust du nur nicht, weil dir dein Vater immer wieder gesagt hat, dass du das nicht darfst. Dass die ganze Familie sofort nach Deutschland zurückgeschickt wird, wenn du im Lager Ärger machst. Du tust nichts. Kochst nur innerlich und schwörst: Eines Tages wirst du dich rächen.

SALAUD! MERDE! SALAUD! MERDE!
أح
أحنبيّ
MERDE! SALAUD! MERDE! SALAUD!
أخ
أجنبيّ
SALAUD! MERDE! SALAUD! MERDE!

Zwei Jahre später bekommt ihr Asyl. Befristet, aber immerhin. Wegen der Sache mit deinem Bruder dauerte es länger. Trotzdem habt ihr Glück. Viele andere werden zurückgeschickt. Ägypten hat keinen Platz für noch mehr Flüchtlinge. Es herrscht sowieso schon Mangel an Wohnungen. An Wasser. An Geld. Du solltest dankbar sein. Deine Familie hat überlebt, und nun könnt ihr bleiben, bis der Krieg zu Ende ist. Trotzdem schwelt die Wut in dir. Es ist, als hätte dir jemand zwei Jahre deines Lebens gestohlen. Du konntest nicht zur Schule gehen und hast nur gerade so viel Arabisch gelernt, dass du auf dem Markt einkaufen kannst.

Wegen einer Politik zur Integration und Verteilung der Flüchtlinge schickt man euch nach Assuan ins südliche Ägypten. Nur noch eine der Familien, die ihr aus dem Lager kennt, ist in Assuan.

Noch einmal musst du von vorn anfangen.

Das Leben ist schwer. Alles ist anders als zu Hause. Es gibt keine Jobs, schon gar nicht, wenn man fremd ist und die Sprache nicht spricht. Auf der Straße rufen dir die Leute oft etwas hinterher, sie verkaufen dir auf dem Markt das schlechteste Gemüse und lassen dich in der Kaffeebar besonders lange warten. Auch wenn du dunkle Haare hast und leicht braun wirst, du kannst deine blauen Augen nicht verstecken.

Nach einer Weile fängt deine Mutter an, Kuchen zu backen, die du und dein Vater auf der Straße verkauft. Deine kleine Schwester putzt bei einer Mittelklassefamilie, die ihr dafür die Schule bezahlt. Das mit der Schule ist für dich inzwischen zu spät. Du bist sechzehn. Zu Hause wärst du auf dem Gymnasium, hier vielleicht auf dem College. Aber das muss warten, dafür ist kein Geld da.

Du gewöhnst dich daran, Kuchen zu verkaufen. Du gewöhnst dich an die Armut. Und du gewöhnst dich an die extreme Hitze. Daran, als Mensch dritter Klasse betrachtet zu werden, gewöhnst du dich nie. Zu Hause war dein Vater Professor für Geschichte, deine Mutter im Umweltministerium beschäftigt. Ihr hattet ein schönes Haus und zwei Autos. Jetzt habt ihr nichts. Ihr seid nichts. Nichts als unerwünschte Fremde, die Kuchen verkaufen und damit den ägyptischen Kuchenverkäufern Umsatz wegnehmen.

Jeden Tag schwörst du, dass du einmal nach Deutschland zurückgehen und dein Leben wieder aufnehmen wirst. Dein richtiges Leben. Du wirst wieder ein Mensch erster Klasse sein.

Dann werden die schon sehen!

Nur dass der Krieg nicht aufhört. Er dauert noch ein Jahr länger, noch zwei, noch drei Jahre. Im zweiten Jahr stirbt dein Bruder. Das berührt dich beunruhigend wenig. Es ist, als wäre zu Hause so weit weg, dass es nicht existiert.

EUROPA

Als der Krieg schließlich ein Ende hat, ist Deutschland nicht mehr dasselbe Land. Das sagen die, die zwischendurch zu Hause gewesen sind. Heimlich. Denn wenn die Behörden erfahren, dass der eine oder andere in Deutschland gewesen ist, wird derjenige sofort ausgewiesen. Wenn man sich einen ganzen Tag lang in dem Land aufhalten konnte, aus dem man geflohen ist, dann kann es nicht mehr gefährlich sein, dann kann man wieder zurückziehen. Vergessen sind die zerstörten Häuser, die brachliegende Wirtschaft, vergessen ist die Gefahr, sich offiziell wieder in einem Land zu etablieren, das nur noch als Teilstaat eines autokratischen Europas existiert. Unter französischer Oberherrschaft. Selbst zu Hause wärst du zweitklassig.

*In gewisser Weise ist das fast schlimmer als der Krieg.* Das schreibt deine alte Schulfreundin Karina. Regelmäßig verschwindet jemand. Früher wusste man wenigstens den Grund: weil man nicht deutsch genug war. Jetzt weiß man nicht so recht, warum. Sie sind einfach weg. Ihr großer Bruder ist einer von ihnen. Kurz darauf auch ihr Vater. Der große Bruder kommt wieder, ihr Vater nicht. Karinas Mutter will mit ihr und dem Bruder weg. Aber wohin?

Ägypten will keine weiteren Flüchtlinge aus Europa aufnehmen. *Jetzt ist Frieden, und wir können keinen mehr nehmen*, heißt es. Außerdem sind die Europäer *unzüchtige Heiden*, die die Gesellschaft korrumpieren, in die sie sich einschleusen. Die Europäer denken, sie seien jedem ebenbürtig, sie haben keine Disziplin, und besonders die Frauen sind schlecht erzogen und geben in jeder Hinsicht Anlass zur Unruhe, egal wie oft man sie über die Sitten und Gebräuche ihres Gastlands belehrt.

مِصْر
رة
مِصْر
أُسْرة
مِصْر
أُسْرة
مِصْر
أُسْرة
مِصْر

Du bist mittlerweile seit fünf Jahren in Ägypten. Du hast Freunde gefunden. Oder zumindest ein paar Kumpel. Vor allem andere Flüchtlinge, aber auch ein paar Ägypter. Du sprichst Arabisch. Zwar wie ein Straßenjunge, aber es reicht, um zurechtzukommen. Du musst auch für deine Eltern übersetzen, die sich mit dem Neuen schwertun.

Deine kleine Schwester, die anfangs in der Mädchenschule so gut zurechtkam, wurde nach achtzehn Monaten hinausgeworfen, weil sie die Mädchen zu unmoralischem Betragen und zur Revolte anstiftete. Sie wollte, dass sie Unterricht in Sexualkunde bekommen und etwas über Verhütung lernen. Für kurze Zeit war sie rebellisch. Dann verliebte sie sich in einen siebenunddreißigjährigen Ägypter, konvertierte zum Islam und begann, ihr Haar zu bedecken und fünfmal am Tag zu beten.

Deine Eltern haben versucht, sie zur Vernunft zu bringen. Sie sind in großer Sorge um sie. Sie will nicht hören. Was soll ihr deren Vernunft hier bringen? Noch ist sie erst sechzehn und kann nicht selbst entscheiden. Deine Eltern überlegen, sie nach Deutschland zurückzuschicken, damit sie dort einige Monate bei einer Tante wohnt. Damit sie auf andere Gedanken kommt. Als sie es tun, ist es zu spät. Deine Schwester ist schwanger. Deine Eltern verbieten ihr trotzdem, wieder nach Assuan zu kommen und den Vater des Kindes zu heiraten. Sie muss das Kind allein in Deutschland zur Welt bringen. Sie sagen, sie habe das ganze Leben noch vor sich.

Als das Kind geboren wird, fährst du für eine Woche nach Hause, um nach deiner Schwester zu sehen und um zu schauen, ob die Zeit reif ist, zurück nach Deutschland zu ziehen. Sie ist es nicht. Für die Deutschen, die während des Krieges im Land blieben, giltst du als Verräter. Für die neuen, französisch eingestellten Behörden stehst du wegen der Rolle deines Bruders bei der Milizia auf der Liste der Feinde.

Um Karina und ihrer Familie zu helfen, heiratest du Karina. Sobald du wieder in Ägypten bist, stellst du einen Antrag auf Familienzusammenführung. Nachdem der Flüchtlingsstrom aus dem Norden abgenommen hatte, wurden die Bestimmungen erleichtert. Es tut gut, Karina in der Nähe zu haben. Das Gefühl, sich von früher zu kennen, ist Verliebtheit zum Verwechseln ähnlich. Auch deine Eltern freuen sich. Du und Karina werdet keine kulturellen Probleme bekommen, und wenn sich die Situation in Europa eines Tages verbessert, könnt ihr gemeinsam nach Hause zurückkehren.

Der siebenunddreißigjährige Ägypter fährt nach Deutschland, um deine Schwester zu überreden, ihn zu heiraten. Sie ist Punkerin geworden, schnüffelt etwas weit Exotischeres als Kokain, trägt die Haare blauweißrot und hat eine Sicherheitsnadel in der Unterlippe. Sie will nichts mehr von ihm wissen. Verzweifelt vor Sorge um die Zukunft seines kleinen Sohns, entführt der Siebenunddreißigjährige den

Jungen und nimmt ihn mit nach Ägypten, wo der Sohn in Erwartung der Ehe der Eltern und einer Kindererziehung in ägyptischer Tradition gezeugt worden war.

Bei diesen Deutschen muss man vorsichtig sein. Auf sie ist kein Verlass. Sobald sie wieder nach Hause fahren, ändern sie sich.

Du selbst bekommst mit Karina ein Kind und müsstest froh sein. Du bist es nicht. Irgendwie ist das Leben ganz anders geworden, als es hätte werden sollen. Jemand kam und stahl dein Leben und machte es zu etwas anderem. Zu etwas, was weder hier noch dort ist. Das Geld reicht nie, um deine verlorene Ausbildung nachholen zu können. Du hast auch keine Lust mehr zu studieren. Dir ist peinlich bewusst, dass du weit hinter Gleichaltrigen zurück bist.

Du hilfst deinem Vater in der Bäckerei, die die Familie nach und nach aufgebaut hat. Karina backt zusammen mit deiner Mutter Kuchen. Ihr seid bei Weitem nicht wohlhabend, aber ihr kommt zurecht.

Ihr habt für euer neues Land eine unbefristete Aufenthaltserlaubnis bekommen. Eure Kinder werden als Ägypter geboren. Ihre erste Sprache ist Arabisch, und auch wenn sie Christen sind, kennen sie den Koran besser als die Bibel.
In der Kaffeebar nebenan spricht man dich mit Vornamen an, du bist mit dem Schuhmacher befreundet und mit dem Sohn des Autohändlers, und auf dem Markt werden dir die besten Waren angeboten.

Trotzdem bist du ein Fremder. Trotzdem denkst du jeden Tag daran, wann du nach Hause zurückkehren kannst.
Nach Hause.
Nach Hause?

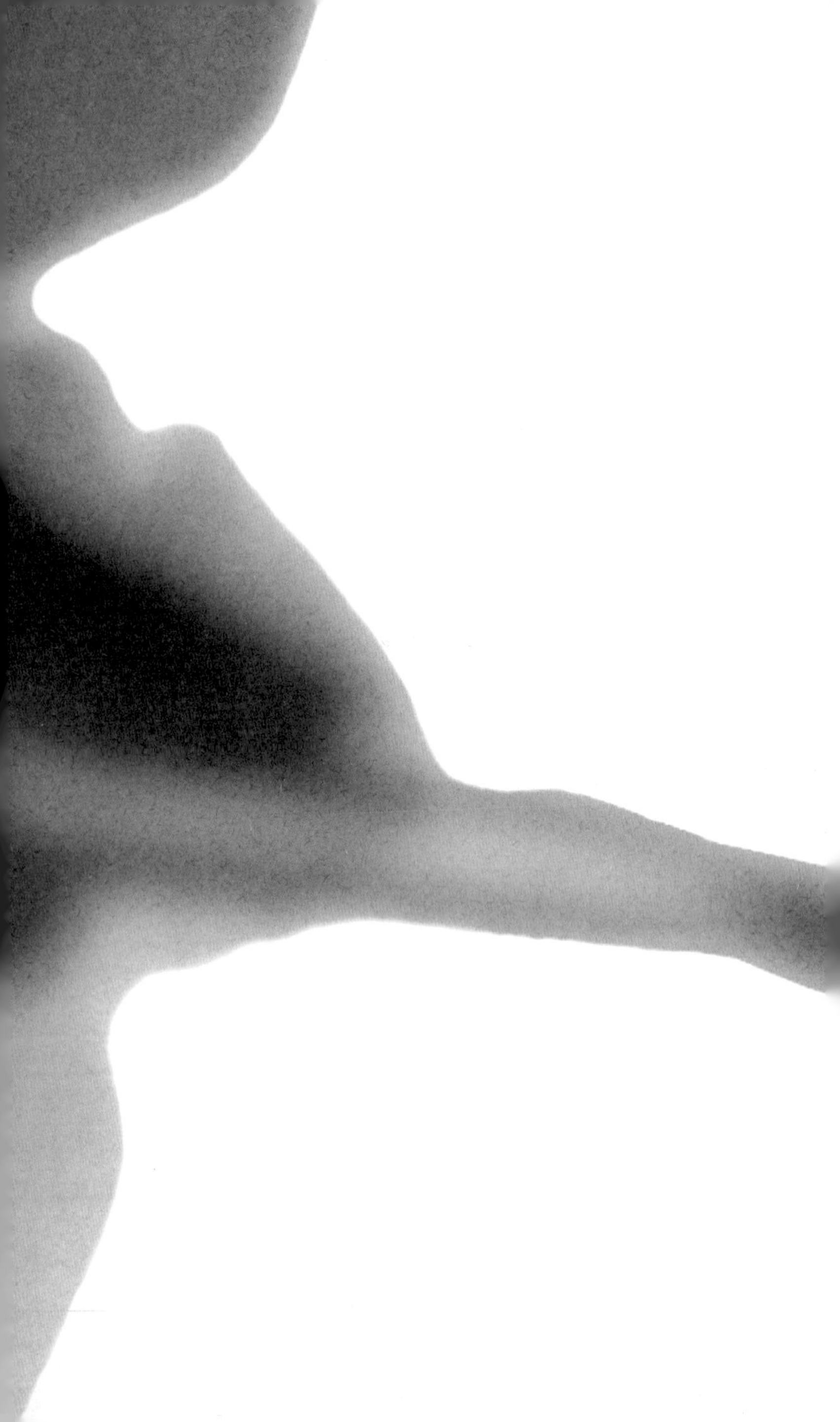

HEIMAT
وَطَن

# NACHWORT

Die dänische Originalfassung dieses Buches schrieb ich bereits 2001, als die Flüchtlingsdebatte in Dänemark zwei unserer in Europa höchstgepriesenen Grundsätze der philosophischen und sogar christlichen Ethik zunächst zu vergessen schien: *Alle Menschen wurden gleich geschaffen* und *Behandle die Menschen so, wie du selbst von ihnen behandelt werden willst.*

»Wenn Skandinavien im Krieg läge« wurde damals als ein fiktiver Essay in einer Lehrerzeitschrift veröffentlicht. 2004 beschloss ein dänischer Verlag, den Text als Buch herauszubringen – gestaltet wie ein Pass und wunderbar illustriert von Helle Vibeke Jensen.

Wenn man, wie ich, aus einer österreichisch-deutschen Einwanderer- und Flüchtlingsfamilie in Dänemark stammt, ist der Gedanke, dass äußere Umstände das Leben in kürzester Zeit auf den Kopf stellen können, real und zum Greifen nah. Für die meisten dänischen Dänen ist das aber nicht der Fall. Die Vorstellung, das eigene Leben könnte sich in ein Flüchtlingsdasein verwandeln, kommt der von einem Leben auf dem Mars gleich. Deshalb schrieb ich diesen Essay, als eine Einladung, sich in das Leben als Flüchtling hineinzudenken. Nicht aus dem Blickwinkel der Flüchtlinge, die von weit her nach Dänemark kommen, sondern mit dem Blick der Dänen, deren eigenes, sicheres Leben durch einen hoffentlich undenkbaren Krieg zwischen den skandinavischen Ländern völlig zerstört wird.

Eben weil dieser Essay als eine Einladung an die Vorstellungskraft entstanden ist, war mir immer klar, dass er in einer Übersetzung an die besondere geopolitische Situation des jeweiligen Landes angepasst werden muss. Für Deutschland habe ich einen Zusammenbruch der Wirtschaft und des Sozialwesens der Europäischen Union gewählt, verbunden mit einem erstarkenden Nationalismus; zum einen, weil das heutzutage leider die vorherrschende Bedrohung für die Sicherheit der europäischen Völker zu sein scheint, zum anderen, weil dieser Essay in keiner Weise eine Nachstellung früherer Kriege sein soll. Darüber sind wir zum Glück hinweg.

Das heutige Thema ist Migration, die etwa durch Kriege oder Naturkatastrophen in aller Welt ausgelöst wird, die Bedrohung der körperlichen und seelischen Unversehrtheit von Familien und Einzelpersonen aus verschiedenen Gründen, auch soziale Ungleichheiten und mangelnde wirtschaftliche Chancen. Es geht um eine Begegnung der Kulturen, um das Vermögen und mehr noch die Bereitschaft von Einzelnen, Gruppen und ganzen Völkern, aufeinander zuzugehen. Es geht um unser Selbstverständnis, um die Frage, wie jeder sich selbst und andere sieht, die *fremden Ankömmlinge* zum einen, die *Gastgeber der Ankömmlinge* zum anderen.

In vielerlei Hinsicht hatte ich gehofft, dieser Essay wäre heute längst überholt. Wie die Dinge liegen, ist er es nicht. Ganz im Gegenteil. Wenn ich in Dänemark und andernorts aufgefordert werde, über diesen Text zu sprechen, wird mir immer öfter vorgehalten, er sei »politisch«. Zwar habe ich noch nie verstanden, warum es falsch sein sollte, in einer politischen Welt politisch zu sein. Aber was viel wichtiger ist: Wenn allein der Versuch, sich etwas *vorzustellen*, etwas *zu verstehen* und sich in die Situation des anderen *einzufühlen*, politisiert wird, ist dann nicht etwas verkehrt, etwas ungeheuer und verhängnisvoll verkehrt? Sind wir dann nicht schon jenseits von Gut und Böse?

Ich hoffe, dass dies nicht der Fall ist. Ich hoffe, Verständnis ist das, wonach wir alle, oder wenigstens die meisten von uns in Europa, streben. Ich hoffe, dass dieser Text unpolitisch gelesen wird, als eine Einladung an das Vorstellungsvermögen. Eine Einladung, *das Leben der anderen* nachzuvollziehen, ein Schicksal, das hoffentlich nie unser eigenes sein wird. Dafür sind wir *alle* verantwortlich. Denn wenn es eines Tages doch so käme, wäre es dann nicht sehr tröstlich, die gefahrvolle Suche nach Zuflucht und einem besseren Leben in vollem Vertrauen auf die Erkenntnis anzutreten, dass damals, als wir selbst in Sicherheit waren, jeder Einzelne dazu beitrug, die ethischen Grundsätze menschlicher Zivilisation zu sichern und zu verbreiten, dass *alle Menschen gleich geschaffen wurden* und *jeder die Menschen so behandeln soll, wie er selbst von ihnen behandelt werden will?*

Janne Teller,
New York, 18.10.2010

Aus dem Englischen von Kai Bargmann

**Ausführliche Informationen über**
**unsere Autoren und Bücher**
**www.dtv.de**

Janne Teller in der *Reihe Hanser*:
Nichts. Was im Leben wichtig ist (dtv 62517)
Krieg. Stell dir vor, er wäre hier (dtv 62557)
Alles – worum es geht (dtv 62606)

FSC
www.fsc.org
MIX
Papier aus verantwortungsvollen Quellen
FSC® C013736

10. Auflage 2017
2013 dtv Verlagsgesellschaft GmbH & Co. KG, München

Titel der Originalausgabe:
*Hvis der var krig I Norden*
(Dansklærerforeningens Forlag)

Gesetzt aus der Minion
Gesamtherstellung: Kösel, Krugzell
Gedruckt auf säurefreiem, chlorfrei gebleichtem Papier
Printed in Germany · ISBN 978-3-423-62557-9